AF585846

au citoyen Arago, membre du Gouvernement provisoire (de la part de l'auteur)

SYSTÈME

D'ORGANISATION DU TRAVAIL.

BONHEUR POUR TOUS.

PAR

le Citoyen Ch. POUMICON, Négociant.
Directeur d'Assurances.

Marseille.
Imprimerie BELLANDE, Quai du Canal, 9.
1848.

NOTICE

SUR L'ORGANISATION DU TRAVAIL.

BONHEUR POUR TOUS.

Ces mots renferment en eux la consécration du vrai principe républicain; leur application, bonne ou mauvaise, doit devenir l'appui fondamental et inébranlable de nos institutions ou causer leur ruine. La solution de ce grand problême ne peut se rencontrer, qu'en élevant la pensée à la hauteur de la difficulté. Hors de cette voie, tout moyen mixte ne rencontrera qu'impuissance, discorde, augmentation du prix de revient des produits, diminution dans nos débouchés, pauvreté nationale, qui engendreront forcément le désordre et la perturbation, d'où naîtra, comme dans tous les temps, le despotisme et l'asservissement du peuple, au profit de quelques élus.

Si on parvient, au contraire, à éviter ce terrible écueil, la France Républicaine peut voguer à pleines voiles vers l'avenir qui lui est à tout jamais assuré.

Cette question telle qu'elle se présente aujourd'hui se définit par ces paroles: point de marchandage, fixation du travail et du salaire, liberté d'association entre les travailleurs.

Pour satisfaire à de telles demandes, en l'état de l'organisation sociale et industrielle, il y a, je ne crains pas de l'affirmer, impossibilité matérielle et morale. La raison humaine envisageant, à sang-froid, l'application d'un tel système, se refuse à l'admettre. Il y aura toujours, entre le travailleur et l'industriel, une tendance différente. L'un, veut vivre à l'aise, c'est justice; l'autre, veut s'enrichir promptement. Celui-ci, pour atteindre ce but, cherche et cherchera toujours, malgré toutes les mesures possibles, à exploiter, à son profit, le concours de l'ouvrier. Il y a entre la création et l'exploitation deux éléments incompatibles; l'une sera toujours le serviteur de l'autre, et, sous ce point de vue, l'égalité n'est qu'un mot vide de sens et sans application.

La première de toutes les conditions, pour la richesse nationale, consiste dans le développement de son commerce, qui ne peut, à son tour, exister qu'au moyen d'une production à bas prix. La fixation du salaire devant être toujours calculée, de façon à satisfaire la loi de l'humanité, deviendra non seulement la pomme de la discorde, mais elle sera, pour l'industrie nationale, la cause de son âbaissement, de sa paralysie.

Cette fixation, appliquée aux produits manufacturiers est un vrai contre-sens. L'existence commerciale qui se traduit par les fluctuations en hausse ou en baisse, provenant des crises ou de la concurrence des nations rivales, ne peut admettre la fixation du salaire que sous peine de déchéance. A la suite de cette incompatibilité, on en rencontre mille autres qui se heurtent et se disputent le droit de priorité, parce que chacune d'elles a de saisissant.

Non, ce n'est pas dans les moyens mixtes que se trouve la solution de ce problème, et puis, en donnant à l'être qui travaille, qui consume sa vie dans la fatigue, qui de ses sueurs et de ses efforts vivifie et enrichit son pays en lui donnant le prix d'une journée dont la valeur, quelle qu'elle soit, ne pourra que suffire à son existence, peut-on penser que ce soit là une grande conquête à son profit, et que, sous un peuple souverain, le héros, que chacun prône et caresse, doive se contenter d'un encens que le vent emporte?.. Loin de là, élevons nos pensées à la hauteur des mots qui nous rallient : *Liberté, Egalité* et *Fraternité*; pratiquons hardiment et avec sagacité ces principes divins, ne craignons pas de saper le mal dans sa racine et édifions dans notre nouvelle société un monument d'intelligence portant sur son frontispice les caractères pratiques de ces mots de ralliement.

Oui, proclamons-le bien haut, nous sommes tous frères; chacun de nous, en se renfermant dans la morale, a le besoin et le droit de vivre heureux, et Dieu, en nous donnant le jour, n'a voulu qu'aucun de nous servit de pâture à ses semblables.

Lorsqu'on est profondément imbu de ces principes, on entre avec confiance dans l'examen de toute question qui a pour but le bonheur de tous; on suit l'inspiration du cœur, chacun apporte son contingent de réflexions, on ne se laisse pas arrêter par la pauvreté du style, car chacun doit payer sa dette à une cause aussi sacrée.

L'organisation du travail doit procurer à tout travailleur, non-seulement ce qui lui est utile, mais encore, et surtout, lui assurer dans ses infirmités ou la vieillesse, une retraite avec des moyens suffisants pour son existence. Cette organisation doit comporter avec elle l'élévation de l'âme.

Ainsi que je le disais, les grandes industries manufacturières qui font la base du commerce national, ne peuvent subir la loi de cette organisation; elles doivent être, placées sous la main du gouvernement. C'est par cette mesure qu'il est permis de réaliser une vaste association, et que la République peut et doit devenir la première et la plus riche nation du monde.

En effet, la richesse d'un peuple ne se rencontre que dans la prospérité de son commerce; celle du sol n'en est que la conséquence, et sans la première, elle devient insuffisante. Tout bon gouvernement doit tendre à augmenter cette richesse produite par l'industrie. Jusqu'à ce jour, la coopération du pouvoir ne s'est manifestée que par des voies incomplètes et souvent contraires, telles que la prohibition et autres demi moyens qui ne peuvent donner à une nation, que la force de l'agonie.

Produire à bon marché, perfectionner, inventer, établir des débouchés avec tous les peuples, amoindrir, autant que possible, les barrières fiscales, voilà où se trouve la richesse d'une nation et c'est à cette même richesse que le travailleur doit être associé.

Ainsi, prenons pour exemple la première venue des industries manufacturières, la fabrication des draps. Dans l'état actuel, la matière première, la laine, nous vient, en majeure partie, par la méditerranée ; conséquemment, à cause de notre voisinage, nous devrions être dans une meilleure position que l'Angleterre ; notre main-d'œuvre est à meilleur marché, toutes les autres conditions étant égales en ce qui touche la fabrication, il semble que nous devrions dès-lors, lutter avantageusement, et cependant nous ne pouvons affronter aucun port de l'Océan et nous sommes obligés de la reconnaître comme reine des mers ; sa supériorité dans tous les tissus, sauf les soieries, où nous ne l'emportons que grâce à notre bon goût, est un fait hors de toute contradiction. Eh bien ! Pourquoi n'entreprendrions-nous pas une guerre d'émulation et d'industrie avec elle, et ne multiplierions-nous pas notre richesse nationale ? Ce combat élève l'âme, procure l'aisance, et nul n'a la douleur de souiller sa gloire dans le sang.

Il y a, dans notre infériorité, des causes, dont je le reconnais, la majeure partie est inhérente à l'incapacité et à l'apathie gouvernementales. S'il ne s'agissait que de parvenir au progrès commercial dans la sphère sociale qu'il occupe, incontestablement chacun doit être assuré que, sous l'ère Républicaine, on le verrait augmenter.

Mais, je le répète, ce progrès doit procurer au peuple, au travailleur, un bien-être pour le présent et pour l'avenir, et il ne pourra jamais se rencontrer dans une organisation par des demi-mesures. Ce n'est que par l'association au commerce national que le gouvernement peut réaliser cette grande et noble pensée. Qu'on y songe bien, c'est dans cette seule question qu'est la pierre tumulaire, ou la colonne de l'existence Républicaine.

Dans cette lutte vraiment digne de l'homme, il faut, comme dans celle du sang pour agent principal de réussite, l'argent. Dans ce sens, nul ne peut égaler la fortune nationale appliquée à la direction de l'industrie.

Passons à la démonstration pratique et faisons tout d'abord la part de l'industrie entre les mains de nos fabricants actuels. Chacun sait quel est son état de souffrance ; je n'en rechercherai pas les causes, parce que ce fait est en dehors de celui qui me préoccupe. Je n'ai qu'à établir que la fabrication, faite par l'état avec l'association, donnera des produits supérieurs, dont le prix de revient, après prélèvement d'une part suffisante en faveur de travailleur, pour lui assurer le présent et l'avenir, sera néanmoins de 25 pour ₒ/ₒ meilleur marché.

La question de l'argent est une des lèpres qui dévore notre industrie. Ceux qui sont placés dans les meilleures conditions de fortune en subissent la loi. Tout capital affecté à l'industrie, à titre de fonds de roulement, doit être grévé, en outre d'un intérêt de 6 p. ₒ/ₒ ; des commissions de banque et change de place, qu'on ne doit pas évaluer à moins de 7 p. ₒ/ₒ, et si le capital n'est pas en rapport du roulement d'affaires, cet intérêt augmente en proportion de leur développement. A cette charge, il faut ajouter, à titre de frais généraux, pour voyageurs, non-valeurs et non-payements, environ 12 p. 0/0, et en admettant que le fabricant doive réaliser, du prix de revient à celui de la vente un bénéfice net de 10 p. 0/0, nous trouvons, qu'en dehors du coût de la fabrication, les produits doivent être grevés de 35 p. 0/0 sur le capital en circulation. Je ne parle, ni du chômage, ni des crises commerciales, ni de la mauvaise administration, ni du sort de l'ouvrier qui, étant à ce travail, ce que la bête de somme est au fardeau, ne lui fournit que la plus petite part possible de coopération. La cherté du prix de revient, ne permettant alors, aucune lutte avec nos rivaux, nos débouchés se réduisent à des quantités insignifiantes ; le fabricant ne pouvant trouver dans son industrie de quoi satisfaire son ambition, a recours à l'immoralité.

Tantôt, on le voit employer la falsification sous toutes les formes possibles ; une autre fois, on le rencontre fondant une coalition pour rabaisser sans justice le salaire, ou pour élever démesurément les prix de vente ; enfin, tout devient confusion et dépravation, qui se convertissent en misère pour le peuple, et en fortune éhontée pour quelques hommes sans cœur. Que d'exemples, grand Dieu, n'en avons-nous pas ! Le sel, objet de première nécessité, ne coûte que 35 c. les 0/0 kil[es] de fabrication, et les monopoleurs l'ont vendu jusqu'à quinze et vingt fois cette valeur. La houille, qui est à l'industrie ce qu'est la vie animale au corps, est sous le coup des mêmes tendances. La métallurgie suit le même exemples. Une infinité de branches industrielles, et le commerce en général, sont frappés d'une plaie plus forte que pas une de celles dont Dieu dans sa colère frappa l'Égypte. Je veux parler du jeu, de cette infâme passion qu'on a cherché à moraliser, en lui donnant le nom de vente à livrer, qui au moyen de ce déguisement, a acquis son droit de civilisation, consacré par nos usages et nos lois commerciales. O tempora ! O mores ! Je le demande à tout homme de sens. Est-ce en présence d'une telle désorganisation, qu'on peut espérer, en se servant de ces mêmes éléments, d'arriver à une reconstitution sociale ? Ce serait de la folie. A un mal si aigu il faut autre chose que des palliatifs, ce n'est que par la régénération de la masse du sang attaquée par ses principales artères, qu'on parviendra à l'annihiler, à l'extirper. Une si grande cure ne peut être opérée qu'avec le concours du gouvernement. Qu'il se mette à la tête des manufactures nationales, qu'il fasse pour l'industrie ce qui a été fait, même sous un règne d'aveuglement et de bassesse nationale en faveur de l'agriculture, par la création des fermes-modèle : qu'il applique ce même système sur une vaste échelle en prenant la direction des principales industries manufacturières, qui peuvent fournir le plus grand aliment au commerce international et qui offrent l'emploi du plus grand nombre de bras. L'efficacité d'un tel remède est hors de toute contestation sérieuse.

En effet, par son concours, l'industrie et la morale, qui gisent dans le linceul de la misère, en sortiraient comme par enchantement, pour courir vers un bonheur certain : la richesse sous le règne de l'ordre.

Cette grave question de l'organisation du travail, d'où dépendent la destruction ou la consolidation de nos institutions, se résume dans un fait bien simple : **Que notre industrie produise à très bon marché.** Hors de-là, point de salut.

Cela posé., examinons quel serait le sort de l'industrie sous l'égide gouvernementale.

Avec l'Etat, abondance plus que suffisante de l'argent nécessaire, réduction de l'intérêt à 4 p. o[o au moins, pas de voyageurs, chacun achetant en fabrique; pas de commissions ni change de place, bonne administration, perfectionnement, coopération de toutes les facultés de l'ouvrier, qui seul aurait intérêt, en ligne directe, à produire à aussi bas prix que possible, puisque ce mode d'exploitation, n'aurait lieu, que pour lui assurer le présent et l'avenir; la fraude et l'immoralité disparaîtraient à tout jamais, les marques de chaque fabrique deviendraient une vérité. Le bénéfice, que de tels établissements auraient à réaliser, devrait se borner à un chiffre modéré, dont une partie serait affectée à la création de primes d'encouragement au profit des travailleurs, et la distribution devrait en être faite entre eux, par voie électorale; l'autre partie, serait affectée à un fond de réserve, pour créer une caisse de retraite en faveur de l'invalide et du vieillard. Sans pousser plus loin l'investigation sur ce sujet, on peut affirmer sans crainte que nos productions industrielles subiraient une diminution d'au-moins vingt-cinq pour cent.

En admettant des relations internationales sur un pied d'égalité avec les nations les plus favorisées, on est forcé de convenir que la fortune publique, comme je le disais, s'accroîtrait dans des proportions colossales; car bientôt, nous n'aurions plus de rivaux à redouter; nous ferions sous une forme digne d'une grande nation, la parodie du chant de Charles VI. L'univers étonné apprendrait ce qu'enfante le généreux mystère, si longtemps méconnu : **Liberté, égalité, fraternité.** Nous hâterions la délivrance de tous les peuples, car rien ne réveille de l'assoupissement, comme l'instinct du bien-être.

Mais, dira-t-on, pour arriver à cette régénération de l'industrie, qui organise le travail et assure le sort de tant de milliers de familles. vous porterez la perturbation chez le fabricant et vous amènerez la désorganisation commerciale? Erreur, mille fois erreur.

En ce qui touche les fabricants, si nous vivions sous un régime constitutionnel la question serait grave, j'en conviens; ces gouvernemens ont besoin de ménager les sommités financières et aristocratiques, cela se comprend; mais, sous un règne de fraternité, les questions d'économie sociale se dégagent de ces misères humaines; l'avantage de tous l'emporte sur l'intérêt de quelques-uns.

Les usines ou fabriques nationales qui se fonderaient, offriraient à plusieurs fabricants qui voudraient se retirer, l'occasion de céder leurs établissements à la nation. qui les prendraient de préférence, et ceux qui auraient l'âme assez bien placée pour s'inspirer d'émulation contribueraient avec elles à l'organisation du travail et à la régénération de l'industrie. Le gouvernement leur devrait aide et protection. Ceux d'entr'eux qui voudraient tirer profit de leur talent, seraient admis suivant le degré de leur mérite et au concours dans les établissemens à créer.

En quoi donc l'application de ce système, pourrait-elle nuire à cette classe de citoyens? Est-ce la crainte d'en voir quelques-uns sortir des rangs et s'enfuir épouvantés à l'aspect du drapeau qui flotterait sur chaque établissement, avec ces mots : **Organisation du travail, fraternité?** Qu'on s'en inquiète peu, ce serait là l'un des premiers bienfaits d'une telle réforme.

Serait-ce le haut commerce qui aurait à s'en plaindre? Il suffit de poser la question pour la voir résolue négativement.

Entre le négociant et le fabricant il existe, de fait et de droit rationnel, une ligne de démarcation infranchissable qui distingue leurs intérêts.

L'un, comprend dans le domaine de ses attributions, tout ce qui se rattache au mouvement d'échange ou de vente des produits du sol et de l'industrie, ainsi que de l'importation de toutes les matières premières utiles à la fabrication et à la consommation; enfin, le crédit, le change, les opérations financières et l'exportation, complètent son apanage. L'autre, sous peine de ruine, est forcé de se borner à acheter au négociant les marchandises qui lui sont utiles; il doit s'appliquer à leur bon choix, à les payer à aussi bas prix que possible, et hors de là, tout son temps doit être consacré à la surveillance de sa fabrication, pour produire bien et bon marché ; vient ensuite, la question de vente, qu'il traite avec le négociant armateur ou le marchand en gros. Comme l'application de ces principes doit être invariable, tant à l'égard de l'Etat fabricant, qu'à l'égard du particulier, il s'en suit qu'il n'y aurait pour le haut commerce aucune sorte de désorganisation à redouter.

Près de lui, le négociant et le marchand en gros trouveraient les mêmes facilités, tout au moins que chez nos fabricants. Par de sages statuts, dont la base serait empruntée à ceux de la Banque de France, mais sur une échelle beaucoup plus large, ces établissemens vendraient leur produits contre du papier, tout comme la Banque vend son argent.

Le haut commerce, loin d'avoir à s'en plaindre, verrait s'ouvrir devant lui l'ère la plus florissante. Par la production de nos produits à bon marché, qui nous mettraient à même de fournir à toutes les parties du monde, le commerce d'importation et d'exportation, qui est sa base fondamentale, prendrait un développement dont on ne peut limiter l'étendue.

Serait-ce le marchand, l'industriel de bas-étage qui en souffriraient.

Ainsi que le haut commerce, l'un et l'autre y gagneraient considérablement. L'activité commerciale bien organisée, est à une nation ce que sont des gradins bien disposés à une vaste nappe d'eau tombant en cascade. Tout le monde en profiterait. Mais, pour que le bonheur de ces derniers pût être complet, il faudrait les placer hors de toute atteinte de l'usure. On réaliserait ce but par la création d'une banque nationale, qui ne devrait être exclusivement appliquée qu'à la négociation du papier de ces industriels. L'état ne devrait y contribuer de ses deniers en aucune façon. Le capital devrait être uniquement formé par les fonds appartenant à l'association.

On se rappelle, que sur le bénéfice à prélever en faveur de l'ouvrier une portion doit être appliquée à un fond de réserve pour subvenir à tous les besoins de l'infirmité ou de la vieillesse. Il tombe sous les sens que ce même capital, en vue de l'intérêt de l'ouvrier lui-même, doit être employé de la manière la plus fructueuse. Ce serait donc par lui que cette banque serait formée. Son vrai nom de baptême, porterait celui de *Banque fraternelle.*

Ne serait-ce pas là, l'expression de la fraternité dans tout ce qu'elle peut enfanter de noblesse et de puissance? Ne serait-ce pas atteindre jusqu'à sa dernière limite la réalisation de ce que j'ai indiqué, comme nécessité absolue de l'organisation du travail : l'élévation de l'âme?

Pour qu'un système d'économie sociale ne dégénère en utopie, il faut que son application pratique et morale réalise, sans efforts et avec netteté, cette affinité intellectuelle par laquelle tout dans ce monde s'enchaîne. Mais, il ne faut pas que le génie pousse son orgueil jusqu'à la possession de la perfection : non seulement, c'est courir après un fantôme, mais c'est un blasphème contre la Divinité.

Je crois avoir démontré qu'en ce qui touche la constitution sociale, tout le monde par l'adoption de mon système pourrait être heureux. Cependant la perfection ne serait pas absolue, car il y aurait une classe qui gémirait. Je veux parler de cette cohorte dont la religion n'est pas la nôtre, de ces idolâtres qui adorent le veau d'or, auquel ils sacrifient sans pudeur tous nos dogmes : Liberté, Egalité, Fraternité. Eloignons-nous de leur contact, en leur disant : votre règne est passé, faites pénitence, réconciliez-vous avec Dieu, revenez à de meillleurs sentiments. Lorsque nous aurons des preuves irrécusables de votre sincère conversion, nous oublierons le passé, nous vous tendrons les bras, et nous vous admettrons avec joie dans la sainte famille de l'humanité. Mais que, jusqu'à ce moment, chaque citoyen forme des vœux, et agisse pour que notre temple national ne soit jamais souillé par aucune de ces vipères.

Si on envisage les effets de cette réforme sous le point de vue gouvernemental, on le voit acquérant une puissance dont l'histoire n'a jamais fourni d'exemple. Son existence ne se manifestant que par sa coopération à faire le bonheur de tous, il n'entendrait d'autre hymne que celle de la reconnaissance et de la joie. Si jamais la patrie était en danger, on verrait toute la nation se soulever en masse pour la défendre; la conscription s'effacerait de nos mœurs, car en dehors du sentiment national chacun aurait quelque chose à conserver.

En temps de paix, nos finances délabrées ne tarderaient pas à changer complètement de face, la fortune publique passerait dans ses mains.

Ainsi que je l'ai dit, cette réforme manufacturière loin de porter une restriction dans le crédit qui existe du fabricant au négociant, devrait au contraire l'étendre. Mais par contre, le négociant, qui à son tour est obligé de vendre à terme, ne changerait rien dans ses habitudes en traitant avec le gouvernement. Celui-ci pourrait créer une valeur-papier égale au capital affecté à chaque établissement, qui deviendrait entre les mains du vendeur une valeur monnaie, non seulement par le crédit qui s'y rattacherait comme émanant du gouvernement, mais parce que la cause de sa création reposerait sur une valeur positive : l'établissement et les marchandises qui y seraient déposées. Pour que ce papier devînt ce que sont les billets de banque dans le commerce, sa conversion en monnaie serait faite à présentation au siége de chaque banque fraternelle, qui, comme on le sait, est une dépendance de l'établissement. Quand je dis que le commerce ne changerait rien à ses habitudes de crédit en faveur de la fabrique, c'est une erreur, car ce crédit, à l'égard de l'état, ne différerait en rien du paiement au comptant, pour lequel il reçoit sans observation les billets d'une banque particulière. Ce mécanisme, si simple dans son application, serait pour le gouvernement une source inépuisable ; ce serait pour le commerce une cause de nouvelle prospérité, parce qu'il est reconnu, que plus le signe qui donne lieu à l'échange devient abondant plus on élargit la sphère commerciale.

Enfin le gouvernement, par l'adoption de ce système, accomplirait ce qu'il désire le plus ardemment pour la puissance nationale, la création d'une marine formidable : chose à laquelle il ne peut parvenir que par le développement commercial sur une vaste échelle.

C'est ainsi, qu'on verrait comme par enchantement disparaître tous ces malaises, ces tiraillements, ces impuretés, ces utopies qui énervent une nation. Tous ces maux ne naissent que de la misère ; qu'elle soit remplacée par la richesse ; que des hommes de mérite gouvernent avec sincérité en vue du bien de tous, et alors la cause cessant les effets ne peuvent se reproduire.

L'organisation du travail manufacturier, ainsi réalisée par l'association, assurerait le sort de la plus grande partie du corps des travailleurs, et c'est des flancs de cette organisation mère que sortirait, sans efforts et naturellement, celle des diverses autres corporations appartenant aux autres professions libérales. Toutes devraient avoir droit à la fixation du salaire et au fonds de réserve. L'application de ce système, aux professions qui sont en dehors des manufactures nationales ne rencontrerait pas d'obstacles, à cause de la richesse que celles-ci déverseraient avec abondance sur toutes les classes de l'industrie.

On conçoit, qu'en conservant au commerce en général sa position stationnaire, on ne peut sans injustice venir lui appliquer des conditions onéreuses. Comment admettre que tel industriel qui n'occupe que trois ouvriers et qui a peine à vivre du produit de son industrie, pourra supporter la nouvelle charge qui lui sera imposée au profit exclusif du travailleur ? Si la diminution sur la durée du travail et l'augmentation du salaire, lui enlèvent la moitié de son bénéfice, et que l'autre portion ne puisse suffire à son existence, on aura ainsi établi une loi injuste qui est subversive de toute bonne organisation et dont la durée ne peut être qu'éphémère. Mais, si par le fait du développement commercial, ce même industriel se trouve en position d'avoir le double de travail, cette augmentation de salaire, loin d'être une charge lui procurera un plus grand profit, parce que ses contributions civiques n'augmentent pas en proportion de son travail.

C'est donc par le développement de l'industrie manufacturière, qu'on tranchera le nœud gordien de la difficulté pour l'organisation générale du travail. Je crois l'avoir suffisamment démontré. Comme dans une question de cette gravité on ne doit rien négliger de ce qui peut tendre à la résoudre et à l'asseoir sur des bases solides il faut que l'idéal cède le pas au positivisme.

Selon la loi de Dieu, nous sommes tous frères et nous devons avoir les uns pour les autres les sentiments du plus profond amour ; mais cette sublime maxime deviendrait une vraie confusion si elle ne s'arrêtait aux limites du cœur et de l'intelligence. Patrie, nationalité.

Tendons nos bras à tous les exilés et proscrits politiques, ouvrons avec joie toutes les portes de nos frontières à ceux qui viendront s'inspirer de notre bonheur ; ne voyons dans tous les hommes que des amis à qui nous devons amour, aide, protection, mais arrêtons cet élan là où commence l'abus. Ne transformons pas notre hospitalité en un droit de conquête au profit de ces myriades d'étrangers qui viennent s'abattre sur notre pays, avec de tous autres sentiments que ceux de la fraternité. Je veux parler de cette masse d'individus, dont la majeure partie, couverte de crimes, vient fouler notre sol pour y étaler des mœurs hideuses et porter le trouble dans l'organisation du travail par un superflu qui ne tourne qu'au profit du riche, au détriment de l'ouvrier national. Apportons dans l'emploi de ces bras non pas l'exclusion, à Dieu ne plaise, mais la même réserve que l'administration de la marine dans sa spécialité, qui n'admet l'étranger à bord de nos navires de commerce que lorsqu'il y a disette ou insuffisance de nos marins.

Que ceux qui seront admis dans nos ateliers nationaux ne le soient qu'à cette condition, sans aucun droit aux bienfaits de l'association.

Acceptons-les avec empressement à titre de colons sur la terre d'Afrique ; et, en vertu de la répression légale contre le vagabondage, sachons nous en débarrasser lorsqu'il y aura nécessité : le peuple et la morale y gagneront, nos cours d'assises en seront grandement soulagées.

En écrivant cet opuscule sur un si vaste sujet, je n'ai eu en vue que d'en poser les premiers jalons.

Si ce système d'organisation était jugé digne d'admission, je m'occuperais de son développement méthodique.

Marseille, *le* 15 *Mars* 1848.

www.ingramcontent.com/pod-product-compliance
Lightning Source LLC
LaVergne TN
LVHW012026170826
845678LV00004BA/1645

9782329619651